LA PAUVRE FILLE, OU LA VICTIME DE LA SEDUCTION,

Pantomime en trois actes,

PAR J. G. A. CUVELIER,

Musique arrangée par M. ALEXANDRE;

Représentée, pour la première fois, au Théâtre de la Gaîté, le 9 Mars 1813.

PARIS,

Chez BARBA, Libraire, Palais-Royal, derrière le Théâtre Français, N°. 51.

De l'Imprimerie de DELAGUETTE, rue Saint-Merry, N°. 22.

Avril 1814.

AVANT-PROPOS.

Le comte Adolphe, fils unique du prince souverain d'Isterbourg, était âgé de 18 ans ; il étudiait à Leypsick lorsque, dans un village voisin de cette ville, il rencontra pour la première fois l'aimable et touchante Nella, fille du capitaine Gutberg ; Nella touchait alors à son dix-septième printems.

Se voir, s'aimer, se le dire, se le prouver, fut pour ces deux jeunes imprudens, l'affaire de quelques jours : un amour irrésistible avait décidé du sort de toute leur vie.

La pauvre Nella devint la victime d'une séduction bien naturelle sans doute ; mais le Comte n'était pas excusable, puisqu'il lui avait déguisé son rang, en lui laissant croire qu'ils pourraient être un jour unis par les liens du mariage.

Adolphe, rappelé par son père pour visiter les Cours de l'Europe, s'éloigna au bout de l'année, en laissant à la fille du Capitaine un gage de son coupable amour.

Nella était mère d'un fils; et pendant l'absence du brave Gutberg, alors au champ d'honneur, elle avait trouvé le moyen de cacher sa faute à tous les yeux, avec le secours d'une bonne paysanne nommée Nathanielle, qui lui était entièrement dévouée.

Lorsque l'action commence, Nella a passé près de six ans dans les larmes, sans avoir revu son séducteur.

PERSONNAGES. ACTEURS.

PERSONNAGES.	ACTEURS.
Le Prince souverain d'Isterbourg.	M. *Ferdinand.*
Le Comte ADOLPHE, son fils, Prince héréditaire.	M. *Marty.*
GUTBERG, gentilhomme décoré, mais pauvre, retiré du service.	M. *Tautin.*
MILLER, chasseur du comte.	M. *Renozzi.*
Un Heyduc du prince.	M. *Boulanger.*
Le Duc de Sorgau.	M. *Genet.*
Le Grand-Bailli.	M. *Edouard.*
RALPHE, chef de Bohémiens.	M. *Lafite.*
Un Geolier.	M. *Pascal.*
Un Meûnier.	M. *Michaud.*
ANNA, fille du Meûnier.	Mlle. *Le Gros.*
ISADORA, fille du Duc, fiancée du Comte.	Mlle. *Caroline-Soissons.*
NELLA, fille de Gutberg.	Mlle. *Dumouchel.*
BLOUMI, fils naturel de Nella et du Comte, âgé de 6 ans.	Mlle. *Tellier.*
NATHANIELLE, paysanne, nourrice de Bloumi.	Mlle. *d'Egueville.*
Un jeune Paysan.	Mlle. *Aurore.*
Une jeune Paysanne.	Mlle. *Marty.*
Une Femme de charge.	M. *Michaud.*
Un Intendant.	M. *Pascal.*
Une jeune Femme de chambre.	Mlle. *Revalard.*
Un Valet de chambre.	M. *Le Bon.*
Sœurs de la Miséricorde.	
Une vieille Bohémienne.	
Dames de la Cour.	
Seigneurs de la Cour.	
Villageois et Villageoises.	
Bohémiens et Bohémiennes.	
Deux Pages.	
Valets, Laquais.	
Gardes.	
Peuple.	

La Scène se passe en Allemagne, au commencement du 18e. siècle.

LA PAUVRE FILLE,

OU

LA VICTIME DE LA SÉDUCTION;

Pantomime en trois Actes.

ACTE PREMIER.

Le théâtre représente un appartement dans le palais du Prince.

Le comte Adolphe, revenu de ses voyages, est prêt à s'unir avec la belle Isadora de Sorgau ; ce mariage est le vœu des deux nobles familles ; elles sont réunies pour l'auguste cérémonie des fiançailles. La nuit vient de se passer dans les fêtes et les plaisirs. Isadora, Adolphe, le prince d'Isterbourg, le duc de Sorgau, et quelques parens de ces illustres personnages, sont à table et terminent un repas splendide. Autour d'eux est rangée leur nombreuse livrée. Des lustres éclairent l'appartement. Les deux fiancés sont parés de leurs habits les plus brillans. Le luxe et la magnificence ont déployé toutes leurs ressources pour embellir cette réunion, mais l'étiquette en a banni la gaîté.

Le Prince fait appeler son Grand-Bailli, celui-ci apporte le contrat et le présente au Prince, les deux puissantes familles l'approuvent et le signent; le comte Adolphe, enseveli dans ses pensées, appose sa signature d'un air froidement respectueux, et je ne sais quel pressentiment secret semble agiter la belle Isadora.

Le Grand-Bailli présente deux anneaux dans un plat d'or, apporté par deux pages: les deux nobles pères passent ces anneaux aux doigts de leurs enfans; et le comte, un genou en terre, reçoit la permission de baiser la main de sa belle future.

Après cette cérémonie, les convives passent dans la salle préparée pour le bal.

Dès qu'ils sont sortis, sur l'invitation du chasseur Miller et de l'Intendant, les laquais, singeant leurs maîtres et affectant tous les dehors de la politesse germanique, se mettent à table, le vin circule à la ronde, et bientôt la gaîté la plus folle règne dans cette seconde assemblée.

Elle est interrompue par l'arrivée subite du comte Adolphe: sa figure un peu pâlie trahit son agitation; il ordonne à ses gens de se séparer. On emporte les tables, on éteint les lumières des lustres: tous sortent avec respect; le chasseur Miller reçoit l'ordre de rester seul auprès de son jeune maître.

Débarrassé des importuns, le Prince héréditaire annonce à son chasseur qu'il va sortir *incognito*; celui-ci réfléchit, à part, en secouant la tête; son maître le presse: Miller lui apporte une redingotte d'une couleur commune et fort simple; ainsi déguisé, le Comte sort par une porte secrète, en recommandant à son chasseur secret et discrétion. Miller promet tout, avec l'air de ne pas tenir sa parole.

Le théâtre change et représente une campagne ; à gauche de l'acteur, une maisonnette simple, mais pittoresque ; sur un monticule orné d'arbustes et de fleurs ; dans le fond, à droite, une petite montée ; à gauche un bosquet.

(*Le jour commence à paraître.*)

Nella sort de la modeste habitation de son père, elle cueille quelques fleurs pour les lui offrir à son réveil. Elle regarde de tous côtés ; elle pense à son amant, à son fils. Tous ses mouvemens peignent l'inquiétude et l'impatience.

Les sons du chalumeau se font entendre, elle témoigne de la joie.

Les paysans et paysannes arrivent de divers côtés. Nella rassemble ses aimables compagnes et les invite à se joindre à elle pour parer de guirlandes la cabanne de son vieux père et célébrer sa fête. Elles aiment toutes la bonne Nella, elles s'empressent de faire ce qu'elle desire ; et secondées par leurs amans joyeux, elles se répandent dans la campagne, elles cueillent des fleurs et les tressent en guirlandes et en couronnes.

Pendant qu'elles sont occupées de ce travail, la bonne Nathanielle arrive avec le petit Bloumi, qui court dans les bras de Nella : la pauvre fille, incapable de résister au sentiment impérieux qui l'entraîne vers l'enfant, le presse vivement sur son cœur.

Nathanielle calme son effervescence, et lui fait signe d'être plus réservée : Nella compose sa figure, mais sans pouvoir y éteindre l'expression du sentiment qui l'anime.

Les guirlandes et la couronne sont suspendues à la porte de la cabanne, en avant de laquelle se trouve un petit berceau formé par les branches flexibles de la vigne, entrelacées avec des fleurs.

Le capitaine Gutberg paraît sous la tonnelle. Quelle est sa surprise, en voyant les hommages qui lui sont rendus! Ceux-là ne sont pas commandés par l'orgueil, le cœur seul en fait les frais.

Nella fait présenter son bouquet à son père par Bloumi qu'elle tient dans ses bras. Le bonhomme embrasse le joli enfant avec une émotion dont il ignore la cause.

Nella placée auprès de son vieux père, sourit à ce tableau, en s'abandonnant à une douce rêverie. Nathanielle dérange cette dangereuse situation, en prenant brusquement l'enfant; Bloumi se retire en pleurant, et Gutberg fait sur cette brusquerie des observations que la paysanne ne semble pas écouter.

On s'assied, on sert le déjeûner frugal sous le berceau; et la vigne prête à-la-fois son ombrage et ses fruits.

(*Divertissement villageois.*)

Après la danse, Gutberg se lève en remerciant tout le monde. Il fait apporter, par sa fille, son épée, sa canne et son chapeau, en déclarant que des affaires l'appellent à la ville, et qu'il va s'y rendre.

Adieux touchans du père et de la fille; les paysans retournent à leurs travaux. Nathanielle sort avec Bloumi, et Nella feint de rentrer dans la maisonnette.

Dès qu'elle s'est bien assurée qu'elle est seule elle descend du berceau et appelle.

Nathanielle revient avec Bloumi; alors, sans autre témoin que la bonne nourrice de cet aimable enfant, Nella s'abandonne à toutes les illusions d'un cœur maternel.

Le comte Adolphe déguisé, arrive sans être vu, il aperçoit ce tableau attendrissant; il est reconnu par Nathanielle; il s'approche des deux objets qui lui sont chers. Nella a aussi reconnu son amant, celui qu'elle croyait avoir perdu pour toujours; elle court dans ses bras. Bloumi effrayé se cache, et Nathanielle, levant les yeux au ciel, lui rend grâces du retour d'un homme qu'elle ne juge pas coupable. Il revient sans doute pour épouser la mère de son enfant, comme le séducteur l'a solennellement juré à sa victime avant son départ: telle est la première pensée de la bonne paysanne.

Nella, au comble de la joie, va chercher le jeune Bloumi; celui-ci voyant Adolphe pour la première fois, résiste, recule, hésite; son père le prend dans ses bras et admire sa gentillesse. L'enfant se rassure par degrés, sourit, jette ses petits bras au cou de l'inconnu qui le caresse, et semble pour ainsi dire le reconnaître.

Ce moment a fait sentir au cœur du coupable Adolphe l'aiguillon du remords... Eh quoi! voilà donc le bonheur qu'il sacrifie? comment n'a-t-il pas eu le courage d'avouer à l'auteur de ses jours qu'il est époux, qu'il est père, et qu'en acceptant la main d'une autre femme, il va trahir tous ses devoirs!... tandis qu'il réfléchit, Nella bien éloignée de soupçonner ce qui se passe dans l'âme de ce jeune homme, le regarde avec une secrète inquiétude.

Aldophe se remet, la rassure, et un nouveau baiser, donné à sa maîtresse et à son fils, semble confirmer ses anciens sermens.

Enivré par le double sentiment qu'il éprouve, le jeune séducteur est aux genoux de celle qu'il a abusée, et qui bientôt va gémir de son fatal aveu.

glement; Nathanielle s'est rapprochée des amans et les regarde avec l'intérêt le plus tendre.

Le prince d'Isterbourg paraît avec le perfide Miller, et reste comme frappé de la foudre; cependant il se compose pour aborder son fils, après avoir enjoint au chasseur de rassembler et d'amener toute sa suite.

Adolphe vient d'apercevoir son père, il reste stupéfait, tremblant, inanimé; Nathanielle, Nella et Bloumi regardent le Souverain avec un étonnement, pour ainsi dire, stupide et sans prévoir le coup terrible qui va les frapper.

Le Prince régnant s'adresse à Nella et lui demande avec ironie comment elle a connu ce jeune homme, et ce qu'il y a de commun entr'eux?.. la pauvre fille sachant à peine ce qu'elle fait, et troublée à la vue du crachat et des rubans, lui répond que ce jeune homme est son époux, et lui montre son fils. L'enfant s'approche en riant et caresse le Prince. Celui-ci furieux met la main sur son épée; effrayés de ce mouvement Nella et Bloumi tombent à ses pieds, Nathanielle recule, et le Comte arrête le bras de son père.

« Malheureuse victime de la séduction, dit le Prince, en relevant brusquement Nella, sais-tu quel est celui qui t'a trompée? que tu appelles ton époux? regarde. »

En parlant il ouvre la redingotte de son fils, et il découvre ses ordres; à cette vue Nella pâlit et tombe dans les bras de la bonne nourrice.

Le Prince veut profiter de ce moment et emmener son fils; Nella fait un mouvement, elle tend les bras, en s'écriant: « il m'abandonne. » Arrêté par ce cri déchirant, Adolphe revient et la serre contre son cœur. Le Prince lui ordonne impérieusement de se retirer. Le Comte, à la voix de son père, de son souverain, se retire confus et abandonne ainsi celle qu'il avait juré de protéger toute sa vie.

Dès que le Comte est sorti, le Prince offre à Nella de l'or, des diamans, pour réparer la faute de son fils : celle-ci refuse avec indignation. L'orgueilleux seigneur outragé, veut faire parler son autorité. Nella n'entend plus son langage; elle jure qu'elle sera pour toujours à son amant, à son époux.

Les gens du prince paraissent conduits par Miller ; le Souverain leur ordonne d'arrêter cet enfant et cette femme. Nella ne connaissant plus rien, s'attache à son fils, et ne veut plus s'en séparer. Les valets essayent de l'arracher de ses bras, ils vont employer la violence lorsque tout-à-coup le capitaine Gutberg paraît.

A la vue de ce vieux militaire et de ses vénérables cheveux blancs, tous s'arrêtent immobiles. Le Capitaine, ôtant son chapeau, s'approche de son Prince avec une modeste assurance, et le prie de lui faire connaître la cause de cette violence exercée envers sa fille.

Le Souverain lui apprend aussitôt, sans ménagement, l'affreuse vérité. L'honnête Gutberg se cache la figure en versant des larmes de douleur; il repousse sa fille et son petit-fils, et demande au Prince, d'un ton froid et solennel, quelle satisfaction il espère lui donner pour l'insulte qui lui a été faite par son fils ?

Le Prince lui présente de l'or; le vieillard rougit, et lui montre fierement sa croix et son uniforme.

Au lieu d'adm[illegible] cette noble audace à l[illegible]uelle il n'est point accoutumé, le Prince régnant s'en indigne, il met la main sur la garde de son épée. Le capitaine Gutberg poussé à bout, tire la sienne du fourreau; l'Heyduc et le Chasseur se précipitent sur lui, le désarment et le renversent. Le Capitaine, froissé par sa chûte, perd connaissance. Sa fille se précipite aux pieds du Prince; Bloumi essaie d'attendrir les barbares qui attaquent Gutberg, et le Prince menace la malheureuse Nella, en déclarant que si elle résiste plus long-tems à sa volonté, il accablera son père du poids de sa vengeance.

Fin du premier acte.

ACTE II.

Le théâtre représente une galerie dans le palais du Prince, à gauche, le portrait du Souverain.

Le comte Adolphe est seul, affligé, rêveur et regardant de tems en tems le portrait de Nella qu'il place sur son cœur. Le chasseur Miller lui annonce l'arrivée d'un étranger.

L'étranger entre, et demande à rester seul avec le Comte. Miller se retire sur un ordre de son maître.

L'étranger est couvert d'un manteau, il le jette et le Comte reconnaît le père de celle qu'il a outragée.

Le capitaine Gutberg lui apporte un écrit qu'il veut lui faire signer pour réparation de l'honneur de sa fille; le jeune homme choqué de cette proposition dit qu'il adore Nella, mais que jamais elle ne sera son épouse... « Eh bien! répond le Capitaine, tu auras donc ma vie, séducteur infâme, ou j'aurai la tienne. » En disant ces mots, Gutberg ne se connaît plus; oubliant l'endroit où il se trouve et les dangers qui le menacent, il présente au Comte deux pistolets.

Adolphe cherche à le calmer; le père irrité ne veut rien entendre, il lui laisse le choix entre les pistolets et l'écrit qu'il doit signer. Adolphe prenant la résolution de réparer sa faute, par l'abandon de sa vie, donne un des pistolets au père de Nella et lui dit de tirer.

Le vieux militaire l'ajuste, le coup fait long feu ; Adolphe lui offre le second pistolet, Gutberg refuse de le prendre, il ouvre son habit, présente sa poitrine, et déclare au jeune Comte qu'il est déshonoré s'il ne tire pas à son tour. Adolphe reprend le pistolet, le tire en l'air et tombe aux genoux de l'homme vertueux dont il a détruit le bonheur.

Dans ce moment le chasseur Miller, le Duc, Isadora, les valets et le Prince sont accourus au bruit. Le Prince, sans vouloir écouter le récit de son fils, qui cherche à excuser Gutberg, fait saisir le Capitaine et ordonne de le conduire en prison comme un assassin qui est venu jusque dans son palais, provoquer et attaquer son fils. On emmène Gutberg.

Isadora effrayée de ce qui vient de se passer, voudrait connaître la cause de cette querelle. Le Prince lui laisse croire que c'est la suite d'une étourderie de jeunesse. Elle se rassure. Le Prince prenant à part son fils, lui fait sentir l'embarras de sa position, et lui ordonne de présenter sa main à sa future épouse.

Adolphe, dans la crainte de compromettre son père et redoutant son courroux, obéit en gémissant. Tous sortent.

Le théâtre change et représente une place publique ; à gauche, l'entrée d'une prison ; à droite, une chapelle ; dans le fond, un fleuve traversé par un pont. Au-delà du fleuve, la façade du palais, résidence d'hyver du Prince régnant.

Le peuple suit sur le pont une troupe de Bohémiens qui le divertit en présentant le spectacle varié de ses talens. Ralphe dit la bonne aventure; une vieille Bohémienne tire les cartes, les autres dansent au son d'instrumens baroques et exécutent divers jeux.

Ce spectacle à peine commencé est interrompu par l'arrivée du capitaine Gutberg; il est pâle, il marche les yeux baissés au milieu des gardes. On le conduit en prison.

Le chasseur Miller paraît, il prend à part le vieux Ralphe chef des Bohémiens, il lui montre la prison, lui parle d'une femme, d'un enfant, et lui remet une bourse pleine d'or.

On voit alors passer sur le pont Nella, tenant le petit Bloumi par la main. Le Chasseur dit au Bohémien que c'est la femme et l'enfant dont il lui parlait. Il lui indique qu'il doit enlever le petit garçon, que tel est l'ordre du Prince. Ralphe, pesant la bourse et souriant à son poids, promet qu'il obéira ponctuellement. Miller s'esquive sans être aperçu de Nella. Tous les Bohémiens sortent, excepté le chef et deux de ses compagnons.

Nella descend du pont et s'approche les larmes aux yeux, de cette prison fatale où son vieux père est enfermé. Ralphe l'examine attentivement, ainsi que l'enfant qu'il fait reconnaître à la vieille et à deux de ses compagnons, en leur montrant la bourse.

Nella se retourne, effrayée de cet examen et des figures étranges des Bohémiens.

Ralphe sort avec ses complices, en promettant de revenir dès que la nuit pourra cacher leur dessein.

Nella restée seule sur la place avec son fils, s'accuse d'être la cause du malheur qui accable son père.

Un Geolier sort de la prison; Nella l'aborde et le questionne; le Geolier refuse de l'entendre; elle l'arrête, il se dégage brusquement de ses mains. Elle le supplie de l'écouter et le conjure de lui indiquer un moyen pour parvenir auprès de son père. Le Geolier lui dit que cela ne se peut pas; elle écrit quelques mots sur ses tablettes, elle les présente au Geolier et le prie de les remettre au prisonnier. Il répond qu'il ne veut pas s'en charger. Elle ôte de son doigt une bague, le seul bien qui lui reste, elle l'offre au Geolier. A cette vue, il s'attendrit, reçoit la bague, les tablettes, et va rentrer dans la prison, pour faire son message, lorsque le Grand-Bailli paraît avec deux officiers.

Le jour commence à tomber. Le Bailli ordonne d'amener Gutberg, qu'il est chargé de conduire devant le juge criminel.

Le Geolier exécute cet ordre.

Bientôt paraît le vieux Capitaine enchaîné, et au milieu des gardes portant des torches.

A la vue de cette fille, qui a déshonoré ses cheveux blancs, il recule, et se couvre les yeux de ses deux mains. Nella tombe à ses pieds, il la repousse; elle lui présente son petit-fils, Gutberg le rejette avec indignation et montrant à son imprudente fille les fers dont il est chargé, il demande aux gardes de le conduire à sa destination. Nella égarée veut retenir son père, elle le suit à genoux en versant un torrent de larmes. Le bon Gutberg sent son cœur tour-à-tour déchiré par l'honneur et par la nature, le premier prend le dessus: le père indigné renverse par terre sa coupable fille, appelle sur sa tête la malédiction céleste, et sort avec le Grand-Bailli et les soldats.

La nuit est venue, Nella est seule, n'ayant d'autre consolation que les caresses de son enfant. Dans son délire, elle repoussse cette innocente créature, comme l'auteur de tous ses maux ; elle voudrait que la terre s'ouvrît pour l'engloutir, elle la frappe de son front.

Miller paraît sur le pont avec Ralphe, les Bohémiens et la vieille ; il leur montre l'enfant, ensuite il disparaît.

Les Bohémiens s'approchent doucement ; et la vieille usant d'adresse, attire Bloumi près d'elle et le fait enlever.

Nelle revient à elle, elle étend les bras, comme pour rappeller et presser sur son cœur cet enfant qu'elle se souvient confusément d'avoir repoussé. Ne le trouvant pas, elle se lève, elle regarde ; un cruel présentiment l'agite, elle court dans l'ombre, et voyant que sa perte n'est que trop certaine, accablée de ce dernier coup, elle vient tomber contre la porte de la prison.

Pendant ce mouvement, le palais du prince s'est illuminé petit-à-petit : on entend dans le lointain une musique qui annonce la joie et une fête.

Une troupe nombreuse sort du palais, elle escorte Isadora et le comte Adolphe ; ils sont accompagnés du prince d'Isterbourg, du duc de Sorgau et de leurs parens.

Le jour reparait graduellement. Le cortége défile par le pont et se rend à la chapelle dans laquelle doit être célébré la mariage, sans que personne prenne garde à la pauvre fille couchée dans la poussière.

Cependant cette marche, ce bruit ont rappelé

Nella à la vie; elle ne sait pas encore quel est le couple dont le bonheur insulte, pour ainsi dire, à sa misère : elle se lève, elle s'approche de l'église et écoute en frémissant l'hymne du mariage dont les sons parviennent à son cœur et le font battre avec violence. Elle franchit le seuil du temple pour voir ce qui se passe dans l'intérieur. Quel pinceau peindra le déchirement qu'éprouve cette infortunée, en voyant son séducteur prêt à épouser une autre femme?... Son cœur est agité par un pénible frémissement, elle est immobile comme la statue de la douleur.... Revenue à elle, elle veut fuir un spectacle qui la tue, elle monte sur le pont, et s'arrête tout-à-coup en apercevant le fleuve sous ses pieds... » J'ai perdu mon père, mon honneur,
» mon époux, mon fils... tout ce qui m'attachait
» à la vie... c'est ici que je dois périr... Oui,
» ma mort sera la première punition de l'ingrat
» qui m'a trahie, elle me vengera d'une odieuse
» rivale, en troublant son bonheur, ou peut-être
» en l'empêchant d'être jamais au perfide... allons
» il faut qu'ils soient tous témoins de mon dé-
» sespoir.

En parlant, elle revient vers l'église, elle aperçoit une cloche, elle sonne avec force; ensuite disant au monde un adieu qu'elle croit éternel, elle retourne précipitamment sur le pont, franchit le parapet et s'élance dans le fleuve.

Dans ce moment, le comte, le duc, Isadora, le prince et toute leur suite sortis du temple, aux sons inacoutumés de la cloche, qui ont interrompu l'auguste cérémonie, paraissent, et témoins de l'action de Nella, s'arrêtent frappés d'étonnement

Adolphe, le coupable Adolphe, se reprochant la mort de cette infortunée créature, repousse Isadora, et veut se précipiter dans les ondes, en accablant de reproches son barbare père.

Enfin le brave Gutberg que le Grand-Bailli ramenait à sa prison, en arrivant de l'autre coté du pont, voit sa fille, pousse un cri, et tombe évanoui sur le parapet au milieu des satellites qui le gardent.

Fin du deuxième acte.

ACTE III.

Le Théâtre représente une prison.

Le malheureux Gutbert, les bras croisés sur la poitrine, la tête baissée, est au milieu des soldats; et le grand-Bailli lui fait lecture de la sentence qui le dégrade. On le dépouille de son uniforme, on le force à prendre l'habit des condamnés.

Gutbert frémit en quittant cette marque d'honneur, cette distinction militaire qu'il a gagnée au prix de son sang; il la détache de son uniforme, la presse sur son cœur, sur ses lèvres, et la remet au Grand-Bailli, en détournant les yeux Le magistrat sort avec les gardes.

Le geolier, resté seul avec son prisonnier, cherche à le consoler, et prépare tout ce qui est nécessaire pour l'établir dans la prison.

On enrend battre le tambour au-dehors, le geolier ouvre la porte.

Le comte Adolphe paraît précédé de quelques soldats qui lui rendent les honneurs militaires. Le comte fait sortir tout le monde.

Dès qu'il est tête à tête avec le prisonnier, il lui fait connaître que le but de sa visite est de le sauver de la tyrannie de son père, et de réparer ainsi une partie de ses torts.

Gutberg rejette ces propositions; Adolphe insiste, prie, conjure, tombe à ses pieds.

Gutberg touché de l'action du prince héréditaire, consent à se sauver, en songeant qu'il ne peut en résulter aucun mal pour le comte, que par ce moyen il évite l'infamie des travaux auxquels il a été si arbitrairement condamné, et qu'enfin la loi de son pays lui permet de porter ses justes réclamations à un tribunal supérieur.

Adolphe se dépouille de sa redingotte, détache son épée, ôte son chapeau, et fait déguiser le capitaine, dont il prend l'habit.

Le comte sonne pour rappeller le geolier, et s'assied dans l'attitude du prisonnier, en se cachant la figure, à la faveur de l'obscurité qui règne dans la prison.

Au bruit de la sonnette, le geolier est rentré avec les gardes.

Gutberg sort : les soldats le prenant pour le comte, présentent les armes, le tambour bat dans le lointain. Les gardes sortent et le geolier, après avoir refermé la porte, revient près du prisonnier.

Le comte se lève en s'écriant » Il est sauvé. « Il se fait reconnaitre.

Surprise du geolier; il veut donner l'allarme, le prince héréditaire l'arrête, en lui offrant le choix entre une bourse et un pistolet; le geolier prend la bourse, donne ses clefs au jeune comte et tombe à ses genoux. Adolphe ouvre la porte et se retire en faisant le geste du silence : le geolier sort du côté opposé, en comptant l'or qu'il vient de recevoir.

Le Théâtre change et représente une forêt; dans le fond, coule le fleuve, barré à droite par un moulin. En face du moulin est un rocher, plus en avant, un portique sur lequel on lit : Couvent de la Miséricorde.

Au milieu d'un groupe formé par la supérieure et les sœurs du couvent de la Miséricorde, le meûnier, Anna sa fille, et deux paysans, on distingue une femme qu'on vient de retirer du fleuve; c'est Nella.

La pauvre fille, à force de soins revient à la vie; mais sa raison parait égarée, elle repousse les gens charitables qui veulent la secourir; elle se lève brusquement et succombant sous cet effort, elle retombe. Les sœurs indiquent aux paysans qu'il faut la porter dans le couvent, où elle trouvera tous les secours d'une charité éclairée et active. On emporte Nella mourante. Le meûnier et sa fille entrent dans le couvent avec elle.

Une barque paraît sur le fleuve, elle porte la vieille Bohémienne, Ralphe, ses deux compagnons et le petit Bloumi : ils descendent à terre.

Ils se demandent ce qu'ils vont faire de cet enfant? la méchante vieille serait d'avis de s'en débarrasser en le jettant dans le fleuve: les Bohémiens vont suivre cet exécrable conseil, Ralphe les arrête en leur démontrant l'inutilité de ce crime: la mère de cet enfant n'existe plus, ils sont dans une forêt hors du territoire d'Isterbourg, il suffit d'abandonner l'enfant, leur mission est remplie, la bourse bien gagnée et ils ne courent aucun risque.

Cet avis du chef est adopté, malgré le murmure de l'infernale vieille; les Bohémiens se rembarquent et disparaissent.

Bloumi seul se jette à genoux et remercie le ciel d'être débarrassé de ces méchans.

Le meûnier sort du couvent avec sa fille, l'éclair brille et l'orage commence à gronder dans le lointain.

Ce brave homme apercevant un enfant à genoux, s'avance vers lui. L'enfant croyant voir un de ses persécuteurs, se relève et se sauve.

Le meûnier l'appelle avec bonté. Bloumi hésite un instant, puis effrayé par un grand coup de tonnerre, il se jette dans les bras d'Anna.

Le jour s'obscurcit, des nuages noirs couvrent l'horison, l'orage devient plus violent, le meûnier prend l'enfant dans ses bras, et rentre dans le moulin avec sa fille.

Au même instant, et sans être aperçu par eux, Nella couverte de vêtemens qu'elle doit à la pitié des bonnes sœurs, sort du couvent Elle est pâle et abattue, elle marche avec peine, et chacun de ses mouvements annonce qu'elle a perdu la raison.

La pluie tombe par torrens. Nella marche au hasard dans la forêt au milieu de l'obscurité, et le désordre de la nature, d'accord avec celui de son cœur, lui arrache un sourire sardonique.

Cependant le meûnier voyant le fleuve se grossir par l'effet de l'orage, s'occupe en dehors à soulever les vannes, pour donner passage aux eaux. Bloumi curieux de voir ce que fait le paysan, se place à une petite fenêtre du moulin : il apercoit une femme, croit reconnaître sa bonne amie Nella, et soit instinct, soit nature, il passe par la fenêtre et court se jetter dans ses bras.

La malheureuse ne reconnait pas son fils, elle s'imagine au contraire qu'elle est poursuivie par une bête féroce, elle le repousse et fuit en jettant un cri d'horreurt

L'enfant se met à genoux et tend ses petits bras vers sa mère. Elle s'arrête, arrache une branche d'arbre et dans son aveugle furie, elle est prête à le frapper : soudain elle semble le reconnaître, ellele presse sur son cœur.

Pendant que ces choses se passent, le capitaine Gutberg et Adolphe, ayant appris l'enlèvement de Bloumi, et le bruit public annonçant qu'une femme a été retirée des ondes sur la lisière de la forêt, auprès de couvent de la Miséricorde, se sont réunis pour se mettre à la recherche de ce qu'ils ont tous deux de plus cher au monde. On les voit arriver dans une barque conduite par un seul batelier.

A peine ont-ils touché la rive, la foudre éclate, brise un arbre isolé; la mère et l'enfant tombent par terre sans aucun signe de vie. Le même coup a frappé la barque, elle s'engloutit avec le batelier. Adolphe et Gutberg s'accrochent aux saillies du rocher, et après beaucoup d'efforts, parviennent à se mettre en sûreté.

Après avoir remercié le ciel, ils s'avancent dans l'ombre, et à la lueur d'un éclair, ils reconnaissent Nella et Bloumi, couchés tous deux par terre, comme s'ils étaient privés de l'existance.

La foudre a épuisé ses feux dans ce dernier coup, l'orage s'apaise et l'obcurité se dissipe.

Bloumi rouvre les yeux, et ne peut contenir sa joie, en se voyant dans les bras des deux amis qui le protégeront dit-il, si les méchans reviennent.

Nella est déposée sur un banc de gazon; son père, son amant, son fils, sont grouppés autour d'elle. Elle reprend ses sens; mais sa raison est toujours égarée : elle ne reconnait aucun de ceux qui l'environnent.

Sa folie a changé d'objet: elle sourit, elle se lève; ses amis ont un moment d'espérance, qui s'évanouit bientôt, lorsqu'ils la voyent s'élancer vers le fleuve, en cherchant à s'y précipiter.

Le meunier et sa fille, sortis du moulin, la retiennent. Adolphe lui présente son fils, elle sourit à l'enfant sans le reconnaître, elle se place brusquement avec lui sur le banc de verdure; son père et son amant s'approchent d'elle, elle jette un cri et retombe évanouie.

Cédant au mouvement de la nature et de la pitié, le bon Gutberg n'a plus aucun ressentiment; il donnerait sa vie pour racheter celle de sa fille, il craint de la perdre pour toujours à l'instant même où il vient de la retrouver.

Ce bon père la soutient dans ses bras, ses pleurs coulent sur la figure de sa fille; Apolphe est aux pieds de son épouse, il presse la main de Nella sur son cœur, en jurant qu'il est à elle pour toujours. Le meunier et Anna partagent l'émotion du père et de l'amant, le bon paysan soulève dans ses bras l'aimable Bloumi et le présente à sa mère.

L'orage a cessé, la paix règne au ciel et sur la terre.

Nella fait un mouvement, elle semble se réveiller après un songe pénible; sa poitrine se soulève, ses bras cherchent ceux qui lui sont chers: le sourire reparaît sur ses lèvres, en même tems que l'arc en ciel se reflette au-de-là du fleuve: le calme de la nature descend dans son cœur; elle ouvre les yeux avec une douce émotion, elle reconnait son amant et tombe dans ses bras, elle voit son fils et le presse sur son cœur, enfin elle distingue les traits vénérables de son père, et elle se jette à ses genoux; le vieillard essuyant une dernière larme, la relève, l'embrasse, et cette famille réunie, présente l'image de l'amour et du bonheur.

Hélas! un instant si doux n'est pas de longue durée. Le prince régnant paraît avec le duc de Sorgau, Isadora, ses gardes, ses valets et le Bailli : à son aspect toutes les figures se décomposent, et celle du souverain laisse éclater la colère et l'indignation.

Le prince ordonne de saisir Gutberg, et de le reconduire en prison. Il ordonne également d'arrêter son fils, et de lui enlever cette femme et cet enfant qui sont la cause de ses égaremens et de sa désobéissance.

Le Chasseur, l'Heyduc, les valets, les gardes s'avancent en menaçant; tous s'empressent d'exécuter la volonté du maître.

Adolphe tombe aux genoux de son père, il en est dûrement repoussé; alors le jeune homme, poussé à toute extrémité, ne se connait plus lui-même : il tire de sa poche deux pistolets, les arme avec vivacité, en pose un sur son front et de l'autre menace quiconque voudrait s'approcher trop près de lui.

Dans cette position, il déclare à son père qu'il va périr à ses yeux, s'il ne consent à lui pardonner, et à l'unir à celle qu'il adore . . . le père frémit d'horreur à cette vue, Gutberg recule épouvanté; Nella, Bloumi, Isadora et les paysans accourus de toutes parts, sont aux pieds du prince. Isadora demande à son père le contrat qui l'unit au comte, elle le déchire et rompt tous les liens qui les unissaient.

Entraîné par cette noble action, ému jusqu'au fond de l'ame des dangers de son fils, et bien certain qu'il se donnera la mort, s'il n'obtient l'aveu qu'il demande, le prince se souvient enfin qu'il est père : considérant qu'il a de grands torts à réparer envers Gutberg, que l'alliance d'un ancien gentil-homme ne peut dans le fait, le déshonorer, enfin le mariage avec la fille du duc n'ayant pas été achevé, le duc lui-même consentant à le rompre, puisqu'il approuve le mouvement généreux d'Isadora, le souverain accepte pour épouse de son Adolphe, la fille du brave et outragé Gutberg.

Le petit Bloumi a passé des pieds du prince dans ses bras; le prince détache sa propre croix et ordonne à son fils de la rendre au généreux capitaine: la joie la plus vive se répand sur toutes les figures, excepté sur celle de Nella.

Elle saisit un instant favorable, et, sans être apperçue, elle franchit le portique du couvent. On se retourne, on la cherche, son amant et son père se regardent avec inquiétude.

La cloche du couvent fait entendre des sons lugubres. Toutes les figures peignent l'étonnement le plus profond, le comte et Gutberg semblent frappés de terreur.

Tout le monde recule à la vue de la pauvre victime marchant, en habit de novice, à la tête des Sœurs de la Miséricorde.

Elle déclare qu'elle a pris la résolution de consacrer ses jours à Dieu.

Son amant veut la détourner de cet étrange dessein, elle montre le ciel pour toute réponse. Elle demande à son père la permission de suivre sa vocation: Gutberg ne peut s'empêcher d'approuver cette noble résolution, il donne son consentement.

Nella présente son enfant au prince, en le priant de veiller sur cette innocente créature. Le souverain vivement ému, le promet et prend Bloumi dans ses bras . . .

La figure de Nella semble alors éclairée pour ainsi dire, d'un rayon céleste : elle tombe à deux genoux, les bras croisés sur la poitrine, la Supérieure place le voile sur sa tête, les Sœurs lèvent les mains au ciel, les paysans sont prosternés,

Adolphe détourne les yeux, en pleurant le bonheur qu'il a perdu ; le bon Gutberg appelle les bénédictions du Tout-Puissant sur la tête de sa fille, et tous les autres personnages témoignent par des signes expressifs, l'émotion que cet acte religieux leur fait éprouver.

FIN.

www.ingramcontent.com/pod-product-compliance
Ingram Content Group UK Ltd.
Pitfield, Milton Keynes, MK11 3LW, UK
UKHW020222180726
13838UKWH00005B/2143